Alquimia

R. Ingalese. D.L. Volpierre

Alquimia

© Publicado em 2018 pela Editora Isis.

Revisão de textos: Rosemarie Giudilli
Diagramação e capa: Décio Lopes

Dados de Catalogação da Publicação

Ingalese , R. e. Volpierre, D. L.

Alquimia/R. Ingalese. e D. L. Volpierre | 1ª edição | São Paulo, SP | Editora Isis, 2018.

ISBN: 978-85-8189-113-2

1. Alquimia   2. Antigos conhecimentos   I. Título.

Proibida a reprodução total ou parcial desta obra, de qualquer forma ou por qualquer meio seja eletrônico ou mecânico, inclusive por meio de processos xerográficos, incluindo ainda o uso da internet sem a permissão expressa da Editora Isis, na pessoa de seu editor (Lei nº 9.610, de 19.02.1998).

Direitos exclusivos reservados para Editora Isis.

EDITORA ISIS LTDA
www.editoraisis.com.br
contato@editoraisis.com.br

Sumário

Introdução 7

Primeiro Livro – Alquimia 17
   Alquimia 19

Segundo livro – A Arte Hermética 59
   O que é exaltado, é simples 61
  I. Preparação 69
   "A obra preparatória" 69
  II. A Obra Principal 79
  III. A Obra Final 85

Introdução

As duas pequenas obras que ora se apresentam, ante o interessado na Alquimia, têm vários elementos em comum.

O primeiro e mais óbvio é que seus autores foram homens e mulheres de nossa época.

Ao oferecer seus textos ao leitor, espera-se contribuir com mais informação acerca do que pode ter sido a Alquimia no século XX.

O que sabemos destes nossos contemporâneos? Richard e Isabella, autores de: *"The History and Power of the Mind"* e *"The Greater Mysteries"* dentre outras obras, foram bastante conhecidos enquanto instrutores ocultistas, de princípios do século na América do Norte.

Ao lermos as suas obras, rapidamente percebemos que se trata de ocultistas que sabem do que estão falando, pois além de ocultistas praticantes, eles detêm um ensinamento original, de difícil acesso em outros referenciais.

Talvez sua face mais conhecida ou mais popular se relacione com o trabalho de imaginação criativa.

Sendo sua orientação nitidamente norte-americana, preocupam-se mais pelos resultados do que pela especulação.

Assim é que seu envolvimento com Alquimia é desprovido de todo encantamento mistificante.

Ao mesmo tempo, eles não duvidam em revestir de segredo seu *modus operandi*.

Não sendo de seu estilo recorrer a símbolos e alegorias, com os quais disfarcem a informação apetecida, eles simplesmente a omitem.

Para nosso consolo, fazem-nos saber que foi o estudo das obras de Paracelso que os iluminou o caminho que haviam empreendido. Caminho que, na realidade, foi principalmente percorrido por Isabela.

Ante a eterna pergunta dos historiadores da Alquimia: Houve mulheres dedicadas à arte?

Eis aqui a clara demonstração de uma "Perenelle".

Uma vez conseguidos seus objetivos na Alquimia, Richard Ingalese pronunciou, em 1928, uma conferência ante seus companheiros de vida ocultista, conferência tal aqui se apresenta como curto ensaio.

Dois anos mais tarde, na edição de 1930 de "Os Mistérios Maiores", o autor escrevia os seguintes pontos de vista sobre a questão da imortalidade física, complementando a conferência de 1928:

> *"Quando falamos de imortalidade física, queremos dizer renovação e manutenção do corpo, por tanto tempo como se deseje, ou a transmutação do corpo físico em outro de matéria mais fina. Aqueles que creem na dita imortalidade física e desejam tê-la, encontrarão o que pedem quando cumprirem as Leis da Vida."*
>
> *"De acordo com o ocultismo, seis são as coisas que se devem ser feitas para se adquirir a juventude perpétua.*
>
> *Em primeiro lugar, eliminar todo o mal Karma.*
>
> *Em segundo lugar, pedir frequentemente a juventude perpétua à consciência Divina, usando as Forças Cósmicas renovadoras como ajuda para materializar a petição.*
>
> *Em terceiro lugar, preparar e usar um elixir alquímico ou um composto vegetal, que renovará os tecidos do corpo, tão rapidamente como requer seu desgaste normal, ou o transmutará numa forma etérea.*
>
> *Em quarto lugar, obedecer às leis de higiene.*
>
> *Em quinto lugar, conservar as forças físicas e mentais.*
>
> *Em sexto lugar, dormir de sete a doze horas diárias."*

Não é fácil a tarefa de conservar a juventude e de viver ao mesmo tempo as tensas vidas que a maioria de nós leva neste momento da evolução.

Viver meramente não é de todo desejável, ainda que possa haver muitos que prolonguem suas vidas mais além dos setenta e alguns poucos tenham vivido mais além do século.

Mas no geral, uma vez que se alcançou esta idade, o corpo converte-se numa carga para seu proprietário e põe à prova seus familiares e amigos. (Sem dentes, sem olhos, sem paladar, sem nada) é uma existência meramente física e não a juventude perpétua que desejamos.

Se alguém observar os cinco últimos requisitos, todavia lhe deixa, ou faz mal Karma, então o poder de renovar a juventude resultará insuficiente, pois a recompensa do pecado ou da ignorância é a morte.

Não importa qual seja o poder que alguém tenha de renovar seu próprio corpo; se se é culpável de infrações ao código moral, então a Lei trará consigo a recompensa do pecado. Viver uma vida moral e harmoniosa é o primeiro e maior requisito para conseguir a juventude perpétua.

Nenhuma escola moderna de pensamento metafísico alcançou, todavia, o ponto em que algum dos seus membros possa afirmar que manteve a juventude durante cem anos, ou inclusive que tenha prolongado a vida física, com plenas faculdades, mas além desse período.

O ocultismo, entretanto, tem como aval séculos de experiência neste assunto.

No Oriente, onde no geral é mais conhecida, a tradição de que há vidas que se prolongaram por centenas de anos é coisa corrente. E inclusive no Ocidente existe a tradição de magos que beberam o elixir da vida e com ele viveram de século a século.

Enquanto quiser que haja lendas que persistem anos e anos entre diferentes povos, podemos estar seguros de que tem algum fundamento nos fatos, quer se trate de lendas de um dilúvio ou a do elixir da vida.

O ocultista diz que existem compostos, tanto vegetais quanto alquímicos, que renovarão os tecidos do corpo.

Os mestres do ocultismo só dão seus segredos alquímicos aos seus estudantes mais avançados, ou a iniciados que não farão mal uso do conhecimento assim recebido. É, porém, interessante saber que nossos químicos estão se tornando tão expertos, que as pessoas que desejam prolongar a juventude podem obter deles numerosa ajuda material.

Quando se tem o poder e o conhecimento requeridos para manter a juventude, geração após geração, com o tempo a questão está em saber se resulta desejável fazê-lo assim.

As modas mudam tanto para os corpos quanto para os vestidos. Cada geração sucessiva produz corpos e cérebros melhores do que a anterior.

O centro da civilização também muda.

Com todas estas mudanças pode ser que um adepto de um regime antigo se sinta desconfortável numa nova civilização, de corpos diferentes.

Para a pessoa que pode, à vontade, perpetuar ou abandonar sua vida, o prolongamento da juventude e da vida são meramente uma questão de conveniência para facilitar sua própria evolução.

Na maioria, atrás do desejo da imortalidade física, oculta-se o temor da morte e não obstante, a dita vida só pode conseguir-se quando aquele temor for dominado.

Nossos autores pareciam achar-se bem informados sobre os últimos avanços da ciência de sua época, quanto à transmutação metálica. Citam-se, por exemplo, os experimentos que permitiam supor a possibilidade de uma transmutação de mercúrio em ouro. Para mais informação do leitor, diremos que, por exemplo, A. Miethe encontrou traços ponderáveis de ouro no resíduo de uma lâmpada Jaenicke de vapor de mercúrio, após operar com elevadas voltagens.

De olho no negócio, logo se patentearam sistemas de produção de metais preciosos inclusive por empresas tão importantes como a Siemens.

Algum desses sistemas serviu de amostra: produzia duas mil descargas elétricas por minuto, a 110 volts, variando a intensidade de 1 a 12 amperes, com um rendimento de 0,0004 miligramas de ouro por ampere e hora; quer dizer, descarregando mais de um milhão e meio de kilowatts-hora para conseguir 1 grama de ouro! Não parece muito rentável! Além de que, tais experimentos logo foram contestados pelos que afirmavam que as mínimas quantidades de ouro produzido, na realidade, procediam do instrumental usado.

O que Richard Ingalese não menciona e resulta mais anedótico, todavia, é que também se falou naquela época da possibilidade de transmutar o ouro em mercúrio!

Por exemplo, A. Gaschler informou, que pelo bombardeio de uma lâmina de ouro com núcleos de hidrogênio em alta velocidade – raios canais – depois de trinta horas de bombardeio o espectro começa a registrar claramente a presença de linhas de mercúrio, que aumentam persistentemente em intensidade.

A conclusão de Gaschler foi que o mercúrio era um composto hidrogenado do ouro.

A semelhança do fato, A. Smits obtinha mercúrio e tálio, fazendo passar uma corrente de 40-100 por lâmpadas de quartzo-chumbo ou por meio de faíscas elétricas.

E já que falamos de tálio, chumbo e mercúrio, não seria dizer mais acerca de seus perigos.

O tálio é usado nos raticidas e tem como mal menor a alopecia. Usa-se tanto que o deixa mais gasto do que uma bola de bilhar, se lhe caem as sobrancelhas. À parte, é abortivo e leva, através da obstipação, a uma polineurite com fortes dores, cólicas abdominais, alterações cutâneas, depressão e cegueira, à morte tardia com emagrecimento progressivo e caquético.

A intoxicação com chumbo, ou intoxicação saturnina, lesiona por completo todo o organismo com: nefrite, cólica saturnina, aborto, arteriosclerose, anemias, psicoses, depressões e neurastenias, úlceras por todo o corpo, câncer de pulmão e segue.

No caso de intoxicação aguda, gastroenterite brutal aguda com morte por colapso. Com o agravante de ser acumulável no organismo. Portanto, nunca convém esquecer de que, independentemente da intoxicação aguda que se dá apenas em curso de erros ou de acidentes, existe a intoxicação crônica: uma lenta, mas firme acumulação do metal, que manifesta seus efeitos no organismo mais tardiamente, mas não por isso com menos perigo.

Quanto ao mercúrio, quem preza pela sua saúde, abstenha-se de brincar com ele.

O hidrargirismo traz consigo sintomas de gastroenterite aguda, estomatite, colite úlcero-hemorrágica e uma anuirá que conduz à uremia.

O pulso falha, o corpo treme, os dentes caem, mas resultado pior é a lesão renal, com destruição celular do tubo proximal. E não é preciso ter mercúrio pelo corpo, basta manejá-lo frequentemente, para que a pequena quantidade de vapores absorvida leve a uma intoxicação crônica, pelas dificuldades que o organismo encontra na sua eliminação.

Os livros de Alquimia deveriam conter advertências como se viu, sobre o perigo no manejo de certas substâncias.

Sempre há gente que, deslumbrada pelo brilho do ouro, entrega-se a toda sorte de experimentos com qualquer tipo de substâncias, muitas das quais, nocivas como o arsênio, o mercúrio, o chumbo etc. para colher, conforme demonstra a História, fracasso em noventa e nove por cento dos casos e um corpo que, devagar, se arrasta para a morte.

No meu livro, "La Tabla Redonda de los *Alquimistas*", descuidei de incluir semelhantes advertências, mas não quisera ter sido o indutor de qualquer tipo de ruína da saúde física e psíquica, como resultado.

Preferi aproveitar a ocasião para esclarecer o que pretendeu ser o dito livro e alguns mal-entendidos que surgiram sobre minha pessoa.

Alguns, de fato me tacharam de experto Alquimista.

Sofri desilusões, mas não assim: minha experiência de laboratório é muito pequena.

O livro é o resultado de um trabalho de investigação nas bibliotecas, não em laboratório e careço da possibilidade de aportar a confirmação experimental das opiniões que nele depositei; foram elas, exclusivamente, o fruto do pensamento.

Outros creram ver em mim um Adepto, o que é mais um mal-entendido, pois a verdade é que nem fiz, nem possuo a pedra filosofal.

E dizemos algo a respeito dos Ingalleses. Que sabemos de D. L. Volpierre? Seu verdadeiro nome era Nikolaus Burtschell e nasceu em 1892, em Mens. Trabalhou na área da saúde e no ano de 1932 começou a se ocupar com a Alquimia, alcançando o êxito, outro dado em comum com os Ingalleses. Faleceu em setembro de 1953, foi enterrado em Bischofsheim.

Como os Ingalleses, Volpierre dá-nos informação em primeira mão, mas, diferente deles, instrui-se sobre o processo de produção da Grande Tintura; ainda que, como os maçons, dos quais dizem que conheciam o segredo da Pedra Filosofal, D. L. Volpierre mostra-se senão secreto, ao menos, discreto e não detalha de modo explícito, material nem processual.

De qualquer modo, seu conhecimento não se perdeu, e o discípulo que recebeu o manuscrito de sua pequena obra apoderou-se igualmente do segredo da sua explicação, o segredo da sua Grande Obra.

PRIMEIRO LIVRO

Alquimia

por Richard e Isabela Ingallese

Alquimia

A destruição da fé é pior do que o esgotamento da carteira; mas os estudantes acham-se expostos a ambas as coisas quando entram na corrente oculta.

Se acharem que estão abusando de vocês, quando, com toda sinceridade, estão dedicando seu tempo, esforço e dinheiro ao estudo, a comoção será tão grande que facilmente há de querer mandar tudo para o ar e dizer: *"Tudo está tão emaranhado de fraudes que não quero ter mais nada a ver com isso"*. E assim, sua fé ficará destruída; o que é realmente uma verdadeira lástima, pois, às vezes, terão de passar várias encarnações antes que cheguem uma vez mais ao ponto de tentar novamente a aventura.

Por conseguinte, previno-os do que podem encontrar nas chamadas correntes ocultas.

As Ciências Ocultas são o lado escondido das ciências físicas. Tudo o que tem uma manifestação no mundo físico, tem uma manifestação correspondente no mundo metafísico.

Por exemplo, consideremos o caso da Astronomia: se a estudarem desde o lado físico, encontrarão uma série de teorias para explicar a origem dos planetas e vocês saberão algo da sua constituição química, algo dos seus movimentos e outras questões desse tipo.

Pelo lado oculto da Astronomia seria saber como chegaram a existir os planetas, a causa dos seus movimentos e o propósito da sua existência.

Ao Ocultista, não lhe basta as teorias. Quer fatos. Não lhe basta os fenômenos da vida, quer não menos, a causa; portanto estuda ambos os lados de todas as ciências.

Quando começam a estudar causas em lugar de efeitos, imediatamente entram na corrente oculta e cedo ou tarde encontrarão pessoas, tanto sábias quanto não sábias.

Muitíssimas pessoas estudaram livros ocultos, portanto, se consideram ocultistas, contudo são apenas Ocultistas de livro, algo bem diferente dos Ocultistas práticos.

Assim, as ciências e as filosofias são apenas teorias, que podem ser corretas ou errôneas; raramente tentam provar se são uma coisa ou outra.

Esses instrutores do Ocultismo de livro estão fazendo um bom trabalho, enquanto não pretendam ter o que não possuem. Se lhes dizem que obtiveram conhecimentos a partir do lado interior da existência, quando na realidade podem apenas lhes oferecer uma teoria e essa teoria extravia-os, então sua fé se quebrará.

Mas, há no Ocultismo, como em todas as partes, pessoas que ensinam somente por dinheiro, a quem lhes é indiferente a exatidão ou o erro do seu ensinamento. Mas, por acaso não ouvimos falar também de tais instrutores nos Evangelhos?

Há pouco recebi uma carta de um dos mais proeminentes astrólogos da América, afirmando que estava recopilando um livro de fórmulas ocultas. Pedia-me que subscrevesse uma cópia. Repliquei:

"O preço que pede é notavelmente baixo, só vinte e cinco dólares, por cópia. Se suas fórmulas são o resultado do trabalho no laboratório e não na biblioteca, pode apontar-me na sua lista de compradores do livro; mas se é o resultado da biblioteca, não o quero, pois, provavelmente, eu já tenha todos os livros que usou na sua compilação e talvez, algo mais."

Foi suficientemente honesto ao escrever-me:

"É o resultado das minhas investigações nas bibliotecas. Muitas pessoas, desconhecendo a distinção entre a biblioteca e o laboratório, pagaram o preço do livro que lhes resultou inútil"'.

Quando estive em Nova York, há dois anos, encontrei-me com alguns dos meus velhos estudantes, que não via desde muitos anos. Um grupo deles estava estudando Alquimia. Fiquei um tanto surpreso e claro, interessado. Pedi que me levassem ao seu superior, pois, pela primeira vez, na história do mundo, a Alquimia de laboratório estava sendo ensinada abertamente. Quando tentaram encontrá-lo, havia desaparecido, não sem antes recolher o seu salário.

Havia selecionado seus discípulos entre aqueles que haviam estudado a Filosofia Oculta durante anos e que claramente, sabiam algo.

Primeiramente, ensinou-lhes que os livros contavam sobre as teorias da Alquimia. Duas noites antes de partir, e, sem avisá-los de que não voltaria, disse-lhes:

"Lhes darei a fórmula para fazer ouro. É fáçil de fazer; o mais difícil é desfazer-se do metal, uma vez produzido".

E foram bastante crédulos para engolir isso.

Também lhes disse:

"Lhes darei o nome de todos os elementos, menos um. Não é permitido declará-lo, mas me concentrarei sobre ele e aqueles de vocês que forem intuitivos captarão seu nome. Poderão ir para casa e fazer todo ouro que queiram no forno da sua cozinha".

E aceitaram sua afirmação como verdadeira.

Cobrou alto valor em dinheiro pelo seu curso de conferências e a única "Alquimia" que conhecia era a Alquimia da natureza humana.

Lógico que uma pessoa com bom-senso diria:

"Se este homem sabe fazer ouro, como que anda por aí proseando sobre um curso de várias centenas de dólares, quando só necessitaria usar o forno de sua cozinha para conseguir todo o ouro que quisesse"?

A pessoa que divulgou o segredo era um promotor de ferro-carris acostumado a manejar grandes transações financeiras. Não obstante, no que concerne ao Ocultismo foi suficientemente crédulo como para aceitar as afirmações de um truão errante.

Uma mulher que estudou comigo por pouco tempo – muito pouco tempo – antes que eu terminasse sua vida estudantil, foi em seguida à Arábia e ao voltar procurou em Nova York e em Chicago gente interessada no ocultismo "atualmente trabalha em Washington", dizendo que enquanto esteve na Arábia, um dos grandes ocultistas de lá dividiu com ela o conhecimento de como fazer o "Grande Elixir".

Ela oferecia vender o segredo em troca de uma numerosa soma em dinheiro, alegando que restauraria a juventude em poucos meses, e conseguiu encontrar quem acreditasse nela.

Sua permanência em cada cidade foi limitada. Quanto mais incríveis sejam tais afirmações, maior o número de pessoas acreditam.

Um homem veio ver-me há pouco tempo e disse que tinha um meio de fazer joias. Eu disse-lhe:

"Muitos químicos podem fazer isso."

E ele me respondeu:

"Eu as faço alquimicamente. Não poderia distingui--las das gemas naturais. Quero que me pague pela manufatura."

E perguntei-lhe:

"Como é o seu processo? Dê-me uma indicação simples sobre os ingredientes principais. Utiliza mercúrio?"

Não, disse ele, nada de mercúrio.

Não pude senão replicar:

"Então, carece do conhecimento que julga possuir, pois o azeite de mercúrio é a base de todas as joias."

Podem achegar-se a vocês outras pessoas que são sinceras, mas que se autoenganam.

Há poucos dias, achava-me na Companhia Química Calkins e estava falando com o administrador, que me contou que acabava de passar por uma experiência jocosa.

Entrou um homem e mostrou-lhe uma massa de vidro fundido e colorido dizendo:

"Quero quinhentos dólares e no prazo de um mês você e eu estaremos convertidos em homens ricos, pois encontrei a grande arte dos Alquimistas. Aprendi a transmutar o mercúrio em ouro."

O administrador era um negociante competente, mais interessado nos negócios do que no Ocultismo e respondeu:

"Como faz isto?"

Seu visitante disse-lhe:

"Pego uma libra de mercúrio e a ponho ao sol, consigo certo ângulo dos raios solares, faço-os passar através deste vidro de modo que caiam sobre o mercúrio e

a ação desses raios, através desse vidro, altera suas vibrações e imediatamente se transmuda em ouro, ante seus próprios olhos".

O administrador perguntou:

"Tem dois dólares?"

"Sim", replicou o homem.

"Então, não necessita quinhentos dólares". Disse-lhe:

"Pois vou ser tão bom amigo seu, como você tem sido comigo. Venderei uma libra de mercúrio a você em troca de dois dólares. Vá para a rua e converta-a em ouro. Isso lhe dará a metade do capital que anda buscando; compre outra libra e terá seus quinhentos dólares".

Fui convidado por duas vezes junto às ladeiras próximas de Los Angeles para ver homens que possuíam laboratórios alquímicos, que desejavam ampliá-los, que só pediam alguns poucos milhares de dólares para tal fim.

O primeiro deles tinha um dispositivo de análise bastante elaborado e fez todo o processo de ensaio e análise do ouro. Ele supunha que eu não conhecia nada acerca do processo. Ao terminar, tirou um pouco de ouro que previamente ele mesmo colocara ali e disse:

"Viu como eu faço?"

Tive de lhe dizer:

"Creio que é um analista e ensaísta de primeira ordem, mas não um Alquimista."

Outro homem tinha um laboratório e apenas queria dez ou quinze mil dólares para ampliá-lo. Assegurava que passando uma corrente através do mercúrio o converteria em ouro. Dizia ter feito isso, mas estava recolhendo dinheiro para fazer ouro.

Existe gente que se engana a si mesma e essa gente é tão perigosa como os que tratam de te enganar.

Lembro de que há alguns anos veio a Chicago um homem e ganhou atenção de alguns banqueiros em seu processo de transmutação. Pelo que pude saber, não houve nenhum ganho de ouro, contudo, os banqueiros acreditaram que havia e subministraram os duzentos e cinquenta mil dólares necessários para o Laboratório alquímico.

Quatro dias depois de ter iniciado o trabalho, o inventor arrebentou com toda a planta. Este homem era sincero, mas tinha uma teoria errada e sabia tão pouco de química e de Alquimia que só podia esperar por um desastre.

Há quarenta anos li pela primeira vez os *"Escritos Herméticos e Alquímicos de Paracelso"*. De todos os livros que tenho lido sobre o tema, e conheci muitos, nunca li outros que contenham tanto conhecimento quanto estes dois volumes.

A compilação e a tradução do doutor Waite é a melhor.

Pouco depois de ter lido ambos os livros, veio ver-me um homem que me disse:

"Estive fazendo um tipo de trabalho químico, e ao limpar meus fornos encontrei um pedaço de ouro do

tamanho de meio dólar de prata. Quero que você e seus amigos me ajudem a encontrar de onde procede esse ouro. Eu, desgraçadamente, não sei. Gostaria de ter dinheiro suficiente para continuar vivendo até descobrir como se fez esse ouro."

Perguntei-lhe se teria algum modo de controlar seu processo e me respondeu que não. Sugeri então a possibilidade de que houvesse posto em seu forno algo que contivesse ouro, de modo que, acabado o experimento, o metal precioso ficou no fundo. Não o segui, mas muitos estudantes de ocultismo o fizeram e perderam muito dinheiro.

As possibilidades boas e fortes que fracassaram na Alquimia, não difamam a Arte. Alguns dos homens mais sábios do mundo estudaram a Alquimia e fracassaram. Robert Boyle, o grande químico, dedicou grande parte do seu tempo, estudando a Alquimia. Foi um dos fundadores da Royal Society da Inglaterra. Era uma personalidade forte. Finalmente, ao término da sua vida, disse que acreditava na Alquimia, de modo absoluto, mas que carecia do tipo peculiar de mentalidade que se requer para chegar ao êxito com ela.

Sir Isaac Newton empregou a primeira parte de sua vida tratando de se converter em Alquimista e ao fracassar concluiu que não tinha o talento necessário para praticar o dito conhecimento, ainda que acreditasse nela até o fim de seus dias.

Esses eram homens de verdadeiro mérito, homens de ciência e de verdadeiro caráter. Quando o homem comum – falta de coragem e de mente mesquinha – fracassa, volta-se contra a ciência e até declara:

"Não há nela nada que valha a pena."

Ou se é desonesto, dedica-se a recuperar seu gasto às expensas do público.

Pelos exemplos que dei, poderá ver que o caminho do pesquisador de Ciências Ocultas está eriçado de perigos, tanto por causa dos sabe-tudo, quanto dos fraudadores de consciência.

Ao buscar um instrutor ou um companheiro de estudo tem de estar em guarda constantemente.

Observe sempre antes os antecedentes de um possível associado.

Trate de descobrir o que estudou e conseguiu.

Ninguém alcançará o êxito na Alquimia se primeiro não tiver dominado outras coisas, pois requer a confiança em si mesmo que vem somente após numerosas conquistas, e é própria dos que têm a vontade de fazer de persistir.

Se uma pessoa se passa por instrutor, peça-lhe alguma evidência do seu conhecimento, antes de aceitá-lo como seu estudante.

Se busca ajuda financeira para prosseguir e completar suas investigações ocultas, exija dele alguma demonstração de sua capacidade nesta direção.

Nenhum homem honesto poderia pôr objeções a tais exigências.

Um banco não emprestaria dinheiro a um homem para ampliar seu negócio até haver demonstrado suas qualificações para ter êxito.

E antes de tudo lembre-se disto:

"A Alquimia de laboratório nunca se ensina." É um assunto de conquista individual.

É certo que após o estudante demonstrar sua persistência e evidenciar seu caráter sob a dificuldade das circunstâncias que o noviço sempre encontra ao ingressar na Alquimia e quando obteve algum êxito, por grosseiro que fosse, então algum indivíduo experto na grande Arte dará ao jovem estudante, de tempo em tempo, certas indicações valiosas que o ajudarão em sua pesquisa.

Para triunfar nesta arte magistral se requer peculiar tipo de mente. Não me refiro necessariamente a uma mente superior, mas a alguém tenaz, paciente, intuitivo e insaciável de conhecimento.

Todos os Alquimistas são ocultistas, mas nem todos os Ocultistas são Alquimistas, pois muitos estudantes não se preocupam com esse tipo de estudos.

Muitos preferem a arte, a literatura, a escultura, a música, as matemáticas, a mecânica, ou alguma outra face do conhecimento, e com o tempo tornam-se mestres da arte ou ciência que selecionaram.

Falamos de dois tipos de Ocultistas, o prático e o teórico; do mesmo modo há dois tipos de Alquimistas, o Alquimista de laboratório e o Alquimista de Biblioteca. O último alega que toda a Alquimia é simbólica. Esta teoria originou-se em 1850, quando uma mulher inglesa publicou anonimamente um livro intitulado: "Uma sugestiva investigação concernente ao Mistério Hermético e à Alquimia, uma tentativa de recuperar o Antigo Experimento da Natureza".

Logo se seguiu, em 1865, outro livro da mesma índole, obra de um Mr. Hitchcok, da América, intitulado "Comentário sobre a Alquimia e os *Alquimistas*". Essas pessoas têm hoje muitos seguidores em ambos os países.

Contudo, durante incontáveis milhares de anos, todos os Alquimistas, tanto de biblioteca quanto de laboratório, afirmaram que sua ciência era de índole material, e a História demonstra que se deu início ao nascimento tanto da química quanto da física.

A história da Alquimia também demonstra que em diferentes períodos houve homens que adquiriram grandes fortunas sem outros meios de aquisição salvo a Alquimia e que afirmaram ter alcançado sua fortuna graças ao seu conhecimento do modo de transmutar em ouro os metais inferiores, o que demonstra claramente que a arte hermética sempre foi uma ciência física além de uma filosofia.

O Dr. Waite, em seu renomado livro, *"Vida de Filósofos Alquímicos"*, deu breves biografias de muitos Alquimistas históricos que confirmam esta afirmação.

Os Alquimistas medievais tinham de redigir todos os seus escritos herméticos em termos teológicos como meio de autoproteção. Isto, naturalmente, conduziu muitas pessoas que pensavam em símbolos a crer que a Alquimia era mental "ou como diziam, espiritual" em vez de material. E tais pessoas estudam e logo ensinam a Alquimia, apenas como um meio de desenvolvimento.

Uma mente simbólica pode usar qualquer imagem ou símbolo para conformar qualquer filosofia, e a Alquimia presta-se facilmente a qualquer interpretação simbólica inerente à própria natureza.

Um dos mais proeminentes líderes do movimento teosófico na Alemanha chamou-me uma vez de Chicago para discutir temas filosóficos. Demonstrou-me sua concepção do Ocultismo por meio das matemáticas, começando por um ponto, seguido de uma linha e posteriormente de um círculo. Havia lido muito e pensado profundamente, mas escolheu esse método para demonstrar suas conclusões.

São assim as mentes que afirmam que toda a Alquimia é simbólica. Essa gente diz estudar ou ensinar a Alquimia espiritual.

O que é a Alquimia espiritual? Muitos se sentem inclinados a dizer que um homem ou uma mulher são espirituais quando são muito magros. Se as pessoas são anêmicas, então são particularmente espirituais; ou se adotam certas dietas e reduzem seu peso são espirituais: quer dizer, como um espírito ou um fantasma.

A metade das pessoas deste mundo usa a palavra espírito ou espiritual sem ter concepção alguma da ideia velada que carrega o vocábulo.

O espiritual não pertence a nenhum culto em particular, a nenhuma igreja nem está relacionada com o obedecer ao "farás" ou "não farás". Nem se subscrever a um credo em particular ou adotar algum dogma teológico, nem ler certos livros ou participar de certas cerimônias.

O espírito é o Deus Mãe Universal e espiritual será aquele que tenha os atributos do Espírito. Quais são os atributos do Espírito? Três e somente três – Onipresença, Onisciência e Onipotência.

Um indivíduo não poderia ser onipresente, pois só a Divindade mesma o é, mas uma pessoa pode ser espiritual justo à proporção em como manifeste em sua vida algo de onisciência e onipotência, algo de conhecimento e de poder. De modo que, quando aquela pessoa fala de Alquimia espiritual, supõe-se que seja algo que dê conhecimento e poder.

Neste sentido estão em direção correta. Mas tal como se usa em geral, o termo pretende transmitir a ideia de que a Alquimia nunca é material, mas somente filosófica.

A Filosofia Hermética ou Alquimia começou há cento e vinte e cinco mil anos em Lamúria, quando os deuses menores revelaram seu conhecimento aos homens mais avançados da raça. Não começou no Egito, como muitas pessoas creem. Antes que Lamúria afundasse sob as águas do Pacífico, foi levada pela flor e nata dos lamuriamos até a Índia, onde foi praticada por alguns poucos. Mas, foi revelada também ao mais seletos dos atlantes, que levaram a arte consigo até o Norte da África, justo antes que a Atlântida submergisse, sendo os egípcios os herdeiros do seu conhecimento.

Conforme a Índia tornou-se decadente, o melhor da sua raça viajou para o oeste e se encontrou com os custódios do conhecimento da Atlântida, combinando-se o conhecimento de ambas as raças.

Quando a escuridão intelectual se assentou sobre todas as nações, a Arábia foi a custódia do fogo sagrado que manteve algo do conhecimento e da sabedoria no mundo. É à Arábia, pois, que quase todos os Alquimistas devem olhar agradecidos.

Não se deveria crer que não houvesse Alquimistas fora de tais países durante as Idades Obscuras, pois sempre houve solitários aqui ou ali.

A palavra Alquimia vem do árabe "al" que significa "o" e "kimia" que significa "infusão" ou "elixir"; pois, o propósito primário da maioria dos Alquimistas não é o de transmutar os metais inferiores em ouro, mas encontrar o Elixir da Longa Vida.

Em outros períodos da História atribuíram outros nomes à Arte, mas, a inspiração desta grande aventura sempre foi a de controlar a enfermidade e a morte, e todos os que conseguiram a meta da Alquimia viram-se mais ou menos recompensados com este poder.

A Alquimia metafísica ou filosófica, qualquer que seja o nome que se lhe designe, contém certos princípios cardiais, de que o primeiro é a unidade do Universo, que é uno em essência.

É primeiramente atômico, com dois aspectos: consciência e matéria, sendo o último o veículo do primeiro. Desta essência provieram força e substância, mente e matéria e todas as suas múltiplas manifestações.

Esta essência primária acha-se representada nos livros sob o nome de mercúrio, pois os Alquimistas há muitas idades que aprenderam, por meio de experimentos químicos, que o mercúrio é a mãe de todas as coisas e que inclusive a vida, mesma, não é senão gás mercurial subconsciente em movimento.

O segundo princípio da filosofia é que não há um só propósito para o Universo: desenvolver mentes a partir da consciência, através de numerosas formas e desenvolver as mentes assim feitas, até graus cada vez mais elevados.

Houve tempos em que isso se ensinava abertamente, igual à evolução através da reencarnação; noutros períodos, em troca tal verdade foi velada.

O terceiro grande princípio da Alquimia era e continua sendo, que este é um Universo de causa e efeito.

Ao se aceitarem estes princípios cardiais, então toda a afirmação dos Alquimistas deve ser admitida como, pelo menos, lógica.

Alguns dos mais proeminentes cientistas modernos viram-se levados, centímetro a centímetro, até o ponto de ter de admitir o suficiente dessas proposições básicas para não seguir burlando-se da Alquimia, e para apreciar os pioneiros da área que estabeleceu os fundamentos de muito do que constitui nosso conhecimento presente.

Empédocles, filósofo e Alquimista grego, descobriu ou redescobriu os quatro elementos e deu-lhes nome. Zózimo, Alquimista tebano, inventou o ácido sulfúrico e poderíamos continuar com a lista inteira, se tivéssemos tempo.

Basta, porém, dizer que Geber, Alquimista árabe, do século VIII, escreveu um livro intitulado *"Súmula da Perfeição do Magistério",* em que descobriu o conhecimento químico dos Alquimistas do seu tempo.

Neste livro se descobriu que tais homens calcinavam, ferviam, dissolviam, precipitavam, sublimavam e coagulavam certas substâncias químicas. Trabalhavam, pois, como os químicos fazem hoje, com ouro, mercúrio, arsênico, enxofre, sais e ácidos.

Tais Alquimistas mantinham, então, como o fizeram os antigos e o fazem os modernos, que todos os metais são corpos compostos que têm sua origem no enxofre, sal e mercúrio, em diferentes proporções.

Esta Obra converteu-se em livro de texto na Arábia e, posteriormente, nas escolas da Espanha dominada pela cultura e pensamento árabe. Este livro, mais tarde ainda, converteu-se no livro de texto da química para a Europa e o mundo.

A Alquimia na sua forma esotérica, então e logo foi transmitida aos estudantes apenas sob signos, símbolos e meias verdades, deixando ao cuidado das mentes intuitivas e pacientes a interpretação dos símbolos e o reunir das meias verdades numa ciência completa.

A maior parte dos cientistas modernos, devido à sua inveja pueril, todavia, receiam admitir que os antigos realmente conseguiram seus mesmos logros, todavia creem que os modernos alcançarão os ideais dos antigos Alquimistas.

O ocultista deve continuar sorrindo ante tal vaidade, sabendo como sabe, que o tempo trará justificação não apenas à filosofia do Ocultismo, mas a todas as Ciências Ocultas. Isto não pretende ser uma zombaria dos logros dos cientistas modernos, mas uma advertência para o estudante inteligente, a fim de que não se tome demasiado sério as alegações dos cientistas do presente, no sentido de que tem toda a sabedoria e o êxito.

Nada de importância básica foi descoberto neste século que não confirme os ensinamentos fundamentais do Ocultismo. Tomem, por exemplo, a teoria sobre a natureza elétrica da matéria e seu modo de agrupamento.

Mereceu o prêmio Nobel, pois foi uma demonstração da velha doutrina alquímica: "Como *no macrocosmo, assim no microcosmos*".

Sir Ernest Rutherford bombardeou o gás nitrogênio com raios alfa procedentes do rádio e produziu hélio. Esta é uma transmutação de matéria – feita de um modo diferente dos antigos Alquimistas, mas, em qualquer caso, feita.

Assim também, o Dr. Adolf Miethe, seguido pelo Dr. Kurlbaum, passou eletricidade através do vapor de mercúrio e mudou uma parte deste, em ouro.

O professor Nagaoka, do Japão, fez o mesmo. No mesmo ano, Arthur Smits e A. Karsen, de Amsterdam, decompuseram chumbo e converteram em ouro parte deste. Não é isto, acaso, a Alquimia moderna? É que o único modo de transmutar os metais é o elétrico?

Paracelso, em seus livros de Alquimia, mostra sete diferentes vias para produzir este resultado tão só para o ouro.

Os antigos Alquimistas contribuíram para o mundo de forma notável e pensem em como obtiveram seus resultados com aparatos grosseiros e meios químicos primitivos e deem-lhes o mérito que lhes corresponde, não na condição de impostores, mas de homens de honra e de ciência que foram capazes de formular, por meio de experimentos, as mesmas proposições que a ciência moderna confirma.

Para ter êxito, como estudante da Alquimia de laboratório, primeiro há de se adquirir a filosofia do assunto e depois viver a dita filosofia até que transmute a própria natureza e a faça conformar-se aos ideais do Ocultismo. Isto não é algo fácil de se fazer, pois tais ideais são superiores aos de outros cultos e credos, devido à natureza mesma do assunto e pelo poder que confere quando o êxito coroa os esforços.

A Pedra Filosofal é o objetivo da maioria dos estudantes. E quando se adquire e se usa inteligentemente, confere a imortalidade física à vontade.

Esta assombrosa afirmação é testemunhada por minha própria observação, pois, por incrível que possa parecer, conheço um Alquimista de mais de seiscentos anos de idade, alguém, cuja idade é de mais de quatrocentos e outro cuja idade é de mais de duzentos e todos eles têm o aspecto de homens no melhor de sua vida, em torno dos quarenta anos e funcionam como tais.

Pode ver-se, pois, se o caráter do homem não fosse bom, se fosse destrutivo em seu pensamento e mau em suas intenções, poderia, com o tempo, por meio de naturezas similares, organizar uma hierarquia do mal, que se opondo ao bem atrasaria a evolução e limitaria sua colheita construtiva. E é por isso que gente de caráter duvidoso não lhes permite a Lei Divina conseguir o êxito nos domínios superiores da Alquimia.

Se eu tivesse de definir a Alquimia, eu a chamaria de: *"Uma exposição do processo evolutivo da natureza"*.

Como exemplo, usemos uma vez mais o mercúrio, pois na Alquimia se ouve muito falar dele, mais do que qualquer outra coisa, salvo a produção de ouro. Pois então, ao entender um glóbulo de mercúrio, sua natureza, as forças que o mantêm unido e as essências químicas do seu interior, o Universo inteiro poderá ser desvendado.

O homem, ao ser capaz de decompor totalmente um glóbulo de mercúrio entenderá também como se criou o mundo. E quando fizer a Pedra Filosofal, tornar-se-á um criador real, pois terá feito um pequeno mundo, e, para criar um macrocosmo ou o Universo o processo é idêntico.

O mercúrio é a chave do Universo e por essa razão destaca-se tão predominante em todos os livros de Alquimia. Contudo, este elemento nem sempre se denominou mercúrio. Teve diferentes nomes em diferentes línguas.

No tempo dos árabes, frequentemente se lhe chamava arsênico, que não é o arsênico da medicina, mas outro nome aplicado ao mercúrio.

A Alquimia é a mãe de todas as ciências, pois nela está contida a história da criação do mundo, a história da matéria, a história da mente.

Na tentativa de descrevê-la ainda mais, chamaria a Alquimia de laboratório a exemplo da filosofia da Alquimia. Em outras palavras, Metafísica aplicada.

Alquimia de laboratório tem dois ramos: a metalúrgica e a médica. A metalúrgica tem a ver com os metais.

Primariamente é extrair metais a partir do seu uso doméstico, extrair depois as essências de tais metais e finalmente extrair azeites a partir das essências.

Tais são os três passos da Alquimia analítica e metalúrgica. Uma vez que se conseguiu reduzir e encontrar a natureza última de um metal, pode-se, em seguida, recompô-lo. De modo que essa parte da ciência é por sua vez analítica e sintética. Mas, em vez de recriar a mesma coisa, alguém pode decompor o metal, achar uma série de diferentes elementos e recombinar alguns deles para fazer algo distinto.

Os Alquimistas possuíram este conhecimento por numerosos ciclos, e a ciência moderna está apenas começando a adquiri-lo e aplicá-lo.

Para exemplificar: os cientistas modernos podem fazer ouro, ainda que o Boletim dos Estados Unidos sobre o tema mostre que fazer tal metal custa mais do que vale.

Por longo tempo, os químicos creram que o ouro era um elemento simples, mas agora aceitaram a afirmação alquímica de que o ouro é um composto.

Assim que, em vez de fazer como os físicos modernos, que põem mercúrio num tubo e fazem passar através dele uma quantidade enorme de elétrons para obter traços de ouro, o Alquimista decompõe metais inferiores e combina suas essências para fazer os metais preciosos em quantidades comerciais.

A ciência moderna confia em fazer o mesmo e muitas das mentes mais brilhantes de outras nações estão dedicando suas vidas a experimentos nesta linha.

O professor Edwin Walter Kemmerer, de Princeton, salvador financeiro da Polônia, adverte que é o momento de afrontar a probabilidade de um caos monetário, causado pelo descobrimento do ouro sintético.

Há alguns poucos anos, após a Segunda Guerra Mundial, os periódicos de todo o mundo anunciaram várias descobertas de métodos para manufaturar o precioso metal, e muitas nações temeram que os Alquimistas da Alemanha conseguissem fazer ouro em quantidades tão grandes que pudessem pagar suas dívidas de guerra com o manufaturado, ainda que depreciado metal.

Por sua vez, os químicos da Inglaterra deram recentemente novo giro à transmutação, ao afirmarem que estavam tratando de converter ouro em estanho e cobre, pois as reservas mundiais de ouro pareciam ilimitadas, enquanto que as de estanho e cobre se esgotariam ao final de cem anos.

Este ponto de vista é característico da Inglaterra, pois o estanho é um produto inglês. Mas essa nação não leva em conta que a Cordilheira dos Andes, na América do Sul, pode suprir toda deficiência inglesa em estanho e cobre e de outros muitos metais tão necessários às gerações futuras.

Ou melhor, se nossos químicos ingleses estivessem dispostos a admitir por um momento que os Alquimistas tinham algum conhecimento, encontrariam nos livros de Paracelso um processo para transmutar ferro em cobre.

Mas, a natureza tem seu próprio sistema para conservar seus segredos, que revela apenas aos que a servem a seu modo, e é por isso que os Alquimistas modernos podem permitir-se o luxo de sorrir ante os esforços dos cientistas por transmutar metais, sabendo que ao longo das idades outras mentes brilhantes fizeram esforço similar e fracassaram.

De fato, muitos dos químicos e físicos do presente são os mesmos egos que, em outras vidas, fizeram fracassados esforços na mesma direção. E não terão êxito até que conquistem seu egoísmo e imitem a natureza, como fazem os Alquimistas.

Não é apenas a respeito dos metais preciosos que os Alquimistas emulam a natureza por imitação; decompõem os metais, extraem sua essência e reconduzem os seus átomos sob a forma de pedras semipreciosas, joias e gemas.

Não houve uma cabeça coroada na Europa em que não brilhassem as joias feitas pelo conde Saint Germain, pois era liberal com seus presentes à realeza dos quais foi grande favorito.

O melhor que os químicos modernos foram capazes de fazer são pequenas joias sintéticas.

Todo mundo conhece os rubis e as esmeraldas sintéticas de hoje. Algumas são muito bem-feitas e só os expertos podem detectar as falsas.

O químico moderno é menos afortunado em produzir diamantes. As mais belas joias da Índia existentes hoje nunca foram extraídas do solo – são o produto de Alquimistas antigos modernos.

A respeito dessa parte da Alquimia, as observações que apontei não são de minha autoria, mas apuradas de outros Alquimistas e por meio de livros e de registros Ocultos.

Minha esposa e eu, até agora, trabalhamos somente no segundo ramo da Alquimia de laboratório: a Alquimia Medicinal. Em conexão com isso, é importante dar uma explicação em favor da natureza desta conferência.

Durante quarenta anos, minha esposa e eu compartilhamos com o mundo algumas de nossas experiências e conhecimento, por meio de conferências e de nossos livros, mas sempre com cautela, a fim de mantermos nossas personalidades à sombra, como o demonstram nossas obras.

Todavia, em razão da natureza mesma desta conferência faz-se necessário romper esta regra de toda a vida, pois de outro modo esta conferência não teria sentido.

Meu propósito, ao pronunciá-la, é acrescentar o testemunho de Isabela e o meu próprio à verdade das afirmações dos Alquimistas até onde nossas próprias experiências chegaram.

Estes sábios foram grosseiramente denigridos durante o século XIX e até a terceira década do presente. A única concessão a respeito feita pelos sábios do presente é a de que provavelmente as teorias dos Alquimistas fossem corretas, contudo eles nunca realizaram seus sonhos.

Esta afirmação reitera-se em livros, conferências e aulas, sem a menor evidência que apoie sua última parte. Ao contrário, a tradição e todas as evidências circunstanciais corroboram as afirmações dos antigos.

Nossa experiência e testemunho são os seguintes:

Durante anos ansiamos conhecer o modo de curar as enfermidades e prolongar a vida. Sabíamos que uma mente forte em um corpo forte é essencial para este propósito, e em consequência estudamos as teorias de todas as escolas de medicina importantes e muitas das não importantes. Nenhuma delas deu cumprimento a nossas esperanças. O mais próximo do nosso ideal foi a Escola Oculta de Medicina.

Durante sete anos estudamos nesta escola, sendo este o tempo requerido para completar o curso, e nos vimos recompensados pelos nossos esforços. Ainda que não nos ensinasse de que modo prolongar a vida indefinidamente ou renovar a juventude, a Escola nos ensinou a curar as enfermidades com remédios vegetais, assim também com a mente e as Forças Cósmicas.

Por não ter como lhes dar respostas a inumeráveis perguntas concernentes a essa Escola, permitam-me que lhes diga que a Medicina Oculta, assim também as demais Ciências Ocultas, não são ensinadas em um espaço físico particular, mas por "licenciados" do sistema, que receberam seu conhecimento de um instrutor individual e que, do mesmo modo que a receberam, transmitem o ensino de boca em boca.

Ninguém é aceito como discípulo dessa Escola, se previamente não tiver estudado Filosofia Oculta durante um período de pelo menos sete anos e ter vivido, em grande medida, o que aprendeu. Somente o instrutor é juiz das classificações do discípulo e se lhe acerca quando, desde o ponto de vista evolutivo, está preparado para aprender; a vida e o desejo mental do discípulo atraem o instrutor.

De nossa parte, o único sistema que parecia oferecer o que nossos corações desejavam era o estudo do Ocultismo e da Medicina Oculta que nos levaria, naturalmente, a contatar a literatura da Alquimia.

Nossos outros trabalhos e nossa situação na vida eram tais, que não podíamos pôr em prática a Arte Hermética. Assim, começamos a recolher manuscritos e livros sobre o tema e a investir na grande aventura, o que resultou em mais de uma década de pesquisa e trabalho.

Aprendemos todo o possível sobre a arte por meio da literatura e das investigações, contudo, durante esses anos apaziguamos a tentativa de experimentar as teorias de um modo prático.

O que, sim, fizemos, foi tomar uma decisão a respeito do ramo do assunto que finalmente praticaríamos.

Comprovamos, graças aos livros, que era necessário estudar primeiro a Alquimia metalúrgica, a fim de saber como reduzir os metais para obter seus óleos. Por exemplo, um bloco de mercúrio é fluido. A primeira coisa que faz um metalúrgico é tirar-lhe sua cobertura metálica a fim de fixar seu conteúdo. Então, a porção fixa é reduzida a pó, que, por sua vez, é novamente reduzida em essência e desta se extrai um óleo. Este óleo é, então, cristalizado e em seguida estará pronto para os experimentos Alquímicos.

É evidente que tudo isso é bem mais fácil de escrever do que de fazer. Para tanto, foi necessário ter uma ideia definida acerca do que desejávamos fazer para depois cumprir nosso propósito, e nesse sentido as obras de Paracelso nos deram essa informação.

Alguém disse:

"Podeis destruir todas as obras de Alquimia, e mesmo assim seu conhecimento estará ainda mais contido nos escritos Alquímicos de Paracelso."

Em 1911, determinamos pôr à prova, em laboratório, os ensinamentos de Paracelso e começamos, então, os nossos experimentos.

Nossa meta era a Pedra Filosofal, não a transmutação dos metais. Tivemos, não obstante, de aprender o lado analítico da Alquimia metalúrgica, mas sem avançar mais nessa direção.

Nunca fizemos nem ouro, nem gemas. Essa é uma parcela extremamente interessante, e quando tivermos tempo prosseguiremos com essa parte da Arte. Mas ouvimos dos que afirmavam ter êxito nesse ramo e falamos com eles e, conhecendo seu caráter como os conhecemos, não temos razão alguma para questionar suas afirmações; acrescenta-se que a ciência moderna confirma a possibilidade da transmutação dos metais, e nossos estudos demonstram sua probabilidade.

Não estamos, contudo, convencidos de que o projeto seja comercialmente vantajoso. É uma questão a ser indagada seriamente, se o tempo, o dinheiro e o incessante esforço dedicados a esse labor não produziriam recompensas econômicas em algum segmento específico. Estamos inclinados a crer que assim seria. Ainda que, pelo conhecimento mesmo, algum dia dominaremos este ramo da arte.

Após ter estabelecido nosso laboratório e começado os experimentos, não demoramos muito para encontrar o que havíamos destinado, resultado de muito estudo, dedicação e alto investimento.

Concordamos, pois, que eu voltaria à prática da advocacia para administrar recursos e que minha mulher continuaria com os experimentos.

Houve mulheres Alquimistas no passado que ajudaram seus maridos no trabalho, mas creio que a minha esposa foi a primeira mulher a tomar a iniciativa na arte e a ela é dedicado todo o mérito dos pioneiros por quatro longos anos de esforço solitário e pela descoberta final de como fazer a pedra.

Minha parte de todo o processo compreendeu produzir os meios para levar adiante o trabalho, apoiar minha esposa e alentá-la nas horas de desânimo e desespero e aliviá-la do esforço de levar seus resultados ao aperfeiçoamento.

A teoria essencial do Alquimista é que todos os metais têm óleos e que tais óleos são os espíritos ou virtudes dos metais. Esse foi o primeiro passo a enfrentar e, necessariamente, seria verdadeiro ou falso, pois o estudo dos livros de texto de química não nos trouxe informação alguma sobre o tema.

Entrevistas com químicos proeminentes deram-nos a negação desta teoria, todavia eu não podia reconciliar sua negativa com o fato de que os produtos do petróleo pareciam indicar o contrário.

Disseram-me que tais produtos eram o resultado de depósitos animais ou vegetais, mas uma investigação posterior ensinou-nos que tal teoria da ciência era incorreta, como é a teoria que apregoa que o carbono e seus óleos derivam do mundo vegetal. Vimo-nos, então, confrontados diante do fato de que a Química, ou a Alquimia estava errada, e tivemos de determinar a verdade por nós mesmos.

Uma vez que o óleo do ouro era um dos quatro elementos da Pedra Filosofal, conforme os livros, começamos, naturalmente, por reduzir ouro. Mas o ouro, a 240 dólares a libra é demasiado caro para fazer experiências com ele. Assim, transferimos os experimentos a um metal mais barato.

Dedicamos três longos, esgotantes e desencorajadores anos à busca do óleo vermelho do cobre, sem que nunca um raio de luz abençoasse nosso labor ou alentasse nossa esperança. Nada, salvo uma teimosa determinação, que nos mantinha no nosso propósito.

Uma noite, recebi uma mensagem telefônica de minha esposa, dizendo que retornasse a casa de imediato, pois "o" conseguiu; para nós, "o", evidentemente referia-se ao azeite.

Rompi todos os limites de velocidade para voltar para casa e, então, minha esposa apontou-me uma substância marrom que estava endurecendo rapidamente. Afirmou que era o azeite vermelho do cobre.

Ao começar nossa pesquisa, concordamos que jamais nos enganaríamos ou vacilaríamos em dizer em que honestamente cremos, posto que a coisa mais simples do mundo é crer no que se quer crer.

Naquele momento, foi duro, mas tive de dizer:

"Esse líquido nem é vermelho, não é um azeite, é graxa."

Ela replicou:

"Quando o chamei era um azeite vermelho; mas endureceu e oxidou."

Desse modo, não restava nada a fazer, a não ser tentar novamente e, após novo experimento, conseguimos finalmente o azeite do cobre.

Quando o tivemos, já não nos importava mais o que a química ensinava, nem na crença dos químicos, pois o laboratório comprovou-nos que os Alquimistas estavam certos.

A partir daquela constatação, eu fechei meu escritório, retirei-me de todos os meus clubes, deveres sociais e prazeres, deixei de dar conferências e de escrever, para me dedicar exclusivamente ao trabalho de laboratório, ao lado de minha esposa. Acreditávamos que a vitória estivesse ao alcance da mão, todavia, a alguns anos de distância.

No quinto ano de trabalho, obtivemos o óleo do enxofre, porém seguido de muitos incêndios e explosões e de duas asfixias.

No sexto ano, obtivemos o óleo de mercúrio, a base de toda a Alquimia.

Nessa época, havíamos, então, vendido todos os nossos bens e contraído duas hipotecas da casa, mas mesmo assim, determinados a continuar com a obra até obter êxito, ainda que nos custasse esta vida e todas as seguintes. Em contrapartida, nós tínhamos todos os óleos necessários para fazer a Pedra e, alentados por essa meta, tratamos de cristalizá-los e fundi-los.

Em 1917 conseguimos fazer a *Pedra Filosofal* em Branco. Tinha o aspecto de mármore suave e branco e seu efeito sobre o corpo foi surpreendente.

Inicialmente, não nos atrevemos a provar sobre nós mesmos, mas em nossa família havia um certo membro, um belo gato angorá, a que muito queríamos. Fizemos uma votação para ver qual dos três deveria provar a pedra e o gato, negando-se a votar, foi eleito.

Sobreviveu à primeira dose, então, a repetimos durante os dois dias seguintes, tornando-se ele mais excitado do que de costume.

Após o experimento com o gato, decidimos experimentar em nós. Tomamos uma dose cada um, ao mesmo tempo, de modo que desencarnaríamos juntos, se fosse fatal. Mas, a substância demonstrou ser benéfica, conferindo energia aos nossos corpos.

Pouco tempo após, morreu a esposa de um proeminente médico local e o doutor, conhecendo nossos experimentos, e o que afirmavam os livros que dita pedra, usada dentro de um prazo razoável faria reviver os mortos, pediu-nos que a experimentássemos no corpo de sua esposa.

Havia passado meia hora desde sua morte, e o corpo ainda esfriava. Pusemos uma dose da Pedra ao Branco, "diluída" na boca do cadáver, mas sem resultados perceptíveis. Quinze minutos mais tarde administramos uma segunda dose e o coração começou a bater debilmente. Quinze minutos mais tarde demos a terceira dose e logo a mulher abriu os olhos. No curso de poucas semanas, a paciente estava recuperada, depois disso viveu sete anos mais.

Animados pelo sucesso do experimento, redobramos nossos esforços para fazer a Pedra Filosofal em vermelho, que é a mais mencionada nos escritos Alquímicos.

Nossa busca foi recompensada após três anos de esforço contínuo (1917-1920). É certo que o produto estava cru, embora respondesse a todos os ensaios de uma Pedra recém-feita. Era tão crua que fomos incapazes de aguentar a primeira dose, e tivemos de refiná-la à base de meses de labor, antes que fosse apropriada sequer como uma débil medicina.

Posteriormente, começamos a tomar a Pedra Vermelha regularmente, duas vezes por semana.

A dose era do tamanho de um grão de arroz sem cozer; em unidades de peso Troy, era menor do que meio grão, o que não impediu que produzisse resultados maravilhosos e bastante milagrosos, por alguns anos.

Mas, nada é tão fácil como o autoengano, então, para evitar tal possibilidade, estabelecemos que uma série de amigos, incluindo dois médicos, controlassem o efeito da pedra sobre nossos corpos.

Durante alguns meses de administração da substância, os sintomas foram apenas subjetivos, tais quais uma fortaleza renovada de mais resistência.

Posteriormente, os efeitos resultaram evidentes para qualquer observador: mais circulação de sangue, um coração mais forte, melhor cor, maior número de glóbulos vermelhos e outras manifestações físicas.

Havia várias pessoas de idade avançada, às quais, na obrigação de ajudá-las, caso nossa investigação tivesse êxito, lhes oferecemos partilhar o resultado dos nossos esforços, mas sendo sabiamente precavidas, preferiram aguardar que nós tivéssemos provado a Pedra durante um ano.

Passado esse período, nosso "Clube da Renovação" ficou constituído, e todos tomamos a medicina mágica. Chamamos o nosso grupo de "O Clube da Renovação", porque os livros prometiam que a Pedra vermelha, usada persistentemente durante anos, renovaria e restauraria o corpo físico até sua perfeição.

Passados sete anos e todos os membros do grupo, exceto um, manifestaram essa verdade em seus corpos. O único membro excetuado tinha mais de oitenta anos de idade e, ao começar o tratamento, seu corpo estava enfermo, não seguiu as instruções e finalmente morreu pela ação das drogas administradas pelo seu dentista, que "lhe produziram coma, sendo uma enfermidade renal uma das suas complicações".

O início da ação da medicina sobre o nosso corpo foi muito lento, embora a Pedra ainda fosse débil, mas conforme passou o tempo, seu poder aumentou a cada elevação, até que, em janeiro de 1926 ficou aperfeiçoada para fins médicos.

Minha esposa e eu não melhoramos tanto quanto os demais membros do grupo, devido à condição em que nos encontrávamos ao começar o tratamento.

De 1911 a 1920, ainda que tivéssemos o conhecimento e os meios para manter nossos corpos saudáveis, não usamos a mente, nem medicina alguma com esse fim, já que de outro modo não saberíamos que efeitos teriam sobre nós os produtos Alquímicos.

Desde um ponto de vista fisiológico foram anos importantes para nossa vida, pois nossos corpos haviam alcançado uma idade em que resultavam necessários cuidado e atenção estritos para impedir sua própria deterioração. Todavia, inclusive, sobre tais condições, nossos corpos confirmam agora o poder da Pedra, como podem testemunhar todos os que nos conheceram durante as duas últimas décadas.

Os livros e manuscritos alegam que a Pedra Filosofal Vermelha curará qualquer enfermidade e que, depois de havê-la tomado durante cinco anos, ninguém poderá contrair enfermidade alguma.

Desejávamos comprovar a verdade de tal afirmação e experimentamos a Pedra sobre numerosos casos incuráveis. O número de curas foi notável, ainda que não a consideremos infalível.

Além do benefício pessoal, a razão pela qual acometemos esta grande empresa foi para saber a verdade sobre a Alquimia médica, que eu resumiria do seguinte modo: Os Alquimistas que escreveram sobre o tema, geralmente o fizeram num período de poucos anos, depois de obter a Pedra. O maravilhoso labor feito por ela, tanto para eles quanto para outros, estimulou seu entusiasmo e cegou seu juízo. Uma cuidadosa observação ao longo de alguns anos, de um maior número de casos, tornou-os mais exatos.

Esses bons homens não tinham a intenção de enganar, mas falaram ou escreveram demasiado rápido.

Minha esposa quanto eu sabíamos que se a Pedra fosse administrada a uma pessoa jovem ou madura em condições normais de saúde, lhe evitaria chegar à velhice; que se desse a uma pessoa anciã, mas saudável, reteria toda a deterioração física posterior e começaria a levá-la de volta à juventude. Mas o testemunho de pessoas dignas de crédito e por evidências que corroboram, cremos que tais casos chegam à perfeição da "flor da idade" e aí permanecem à vontade do possuidor da Pedra. De sorte que a imortalidade física e a juventude perpétua são realidades e não sonhos.

Sabemos que a pedra restaura a vitalidade dos homens de qualquer idade e o desejo normal em ambos os sexos. Se uma mulher passou recentemente pela menopausa, resta-lhe ainda todas as funções normais dos órgãos sexuais, embora, passado longo tempo a possibilidade de ter filhos estará fora de qualquer questão.

A Pedra é, igualmente, uma ajuda em enfermidades agudas, mas ninguém pode contar com ela exclusivamente para efetuar uma cura, pois sua ação é demasiado lenta.

Nos casos crônicos em que não há complicações, mas sim boa vitalidade, sua ação é segura para qualquer enfermo; quando há complicações e baixa vitalidade, outros meios são aconselháveis.

É lógico que nas afirmações precedentes, pressuponho que a pessoa que faça uso da Pedra pratique uma vida comum com respeito à comida, à bebida, ao sono e ao trabalho. E se não tem em conta todas as leis de higiene e abusa da mente e do corpo, então terá de aceitar as consequências dos seus próprios pensamentos e atos; não há possibilidade de impostura na medicina ou na moral.

Se uma pessoa deseja longevidade e juventude, deve obedecer às regras dadas no capítulo sobre Imortalidade no livro: "Os Grandes *Mistérios*".

Foi a fé implícita no poder da Pedra para curar toda enfermidade, sob qualquer circunstância, que levou nossos irmãos mais conservadores e sábios a utilizar todos os meios a seu alcance para restaurar sua saúde e logo utilizar a Pedra para perpetuar a vida, a saúde, a juventude durante séculos.

Com frequência, me perguntam se não seriam a fé ou a mente do paciente que produziram os maravilhosos resultados nos casos observados por nós. Minha resposta é: "Não"; pois alguns deles não sabiam o que estavam tomando e outros não criam em seu poder, tomando-a apenas como uma "remota esperança".

Este é o nosso testemunho a favor da Alquimia e dos Alquimistas, que cada um pode aceitar ou rechaçar conforme suas convicções.

SEGUNDO LIVRO

A Arte Hermética

por D. L. Volpierre

O que é exaltado, é simples

Essas linhas serviram de informação factual e são destinadas, em princípio, a leitores livres de preconceitos ou julgamentos, que têm um entendimento incorruptível, são dotados de um tato sensível e conservam os fundamentos e a simplicidade de sua capacidade de compreensão.

Ao escrever aqui, omitirei, a propósito, as expressões arcaicas dos Alquimistas, no entendimento das quais só tornava parcialmente claro à minha própria compreensão enquanto me ocupava com meus métodos de trabalho autoinduzidos.

Finalmente, este livro será uma reinvindicação, para não dizer uma completa justificação, dos Velhos Mestres que teriam preferido antes o desdém à perseguição e inclusive a morte dolorosa, a revelar seu segredo; contudo seus ossos há muito já desapareceram.

Este segredo, a fórmula para produzir a Pedra Filosofal, foi indubitavelmente conhecida em algumas lojas maçônicas pelo mestre da Cátedra – assim como pelos Alquimistas genuínos – mas pode supor-se com segurança que, no momento presente, nem uma só loja da Europa tem a fórmula e o conhecimento sobre como procurar a pequena ou a Grande Tintura.

O leitor se dará conta que, na informação que aqui disponibilizo, não pude transpassar certos limites.

Aqueles, aos quais as expressões dos Velhos Mestres pareçam estranhas e inverossímeis, deveriam ter presente que um poeta bem-dotado, quando apresenta suas emoções para que as conceba o coração humano, pode para alguns falar de fantasias, enquanto que para outros proclamar a mais elevada sabedoria.

A natureza deste texto não é a de dar diretrizes absolutas quanto ou como proceder com a obra. O resultado deverá falar por si mesmo.

O conhecimento e o *"savoir faire"* são os polos, continuamente renovados, na polaridade da consciência que evolui no homem. Emergem do átomo mais interno de uma indestrutível fé em Deus e do sentimento da existência de um Ser Divino. O Ser é um eterno descer e ascender, a eterna mudança da vida e da morte, mas de tal modo que aquilo a que chamamos morte e concepção é, no mais pleno sentido da palavra, uma transformação, ou melhor, um reagrupamento da matéria, como uma expressão tangível de imponderável e intangível campo de forças.

A força manifestada revela-se a si mesma na natureza sob a forma de uma expressão interminável – na planta, no mineral, no metal, numa gota de chuva ou num floco de neve, no animal ou no homem. Mas, quanta diferença entre um gentil zéfiro e um holocausto a rugir, entre o gentil ar de maio e o louco ranger de um furacão ou de um vendaval! Tais diferenças demonstram-se nos terremotos, em terra ou mar, às vezes, conectados a erupções vulcânicas.

Inumeráveis são as forças que, na essência, apenas são a expressão de uma força única.

Por exemplo, observe uma árvore ou uma flor em crescimento, formando o botão, amadurecendo e murchando, considerados desde esse ponto de vista. Inclusive, assim é o homem, externamente corruptível, mas dotado de uma fortaleza interna de diferentes graus, como toda criatura natural. O mesmo sucede com as estações do ano, formas passageiras como uma eternidade confinada; igual ao interminável ciclo do homem de nascimento e morte, dentro de um micro e macrocosmos.

Encontramos, de um lado, uma vida que brota, cai e se transforma e por outro, as contínuas mudanças de forma e contorno que reorganizam de novo múltiplas manifestações, porém uma só energia é continuamente criativa e eterna.

O iniciado conhece a existência dessa energia – a Trindade secreta – seja nos raios do Sol ou na luz da Lua, seja nas águas da Terra ou nos céus; seja no útero da Mãe Terra, gozosamente criativa, ou no hálito do vento, seco, úmido, frio ou cálido. Saber acerca disso significa ser capaz de ter aqueles poderes que nos servem e que seguem os caminhos prescritos para a criação.

A Magnum Opus, a Grande Obra ou Obra Régia dos Iniciados, chamados Alquimistas, não é em si mesma difícil e pode desembaraçar-se em poucas frases. O labor que implica é tão múltiplo, tão cheio de surpresas, que nem sequer as leis físicas que se dizem comprovadas e estabelecidas, capazes de encher um volumoso livro, poderiam justificar-se ante ela.

Não é assombroso que em nosso tempo de pensamento racional e progresso acelerado, dirigido para a exteriorização, muitos poucos seriam capazes de entender os velhos escritos alquímicos e muito menos de separar o trigo do joio.

Muitas expressões usadas na Obra e muito especialmente aquelas que deveriam identificar alguns objetos apenas podem ser entendidas tais como: Leão Verde, Leão vermelho, o Manto do Leão Vermelho, Menstruo, Serpente, Diana, Fênix, Limo, Dragão Voador, Leite da Virgem, Echeneis etc., e soam fantásticas, mas um exame atento das mesmas revela uma correção de expressão intensamente concentrada que sua aplicação prática comprovará.

O noviço alquímico é passível de desorientação ao ler intensamente a literatura "cheia ainda mais com o encanto dos fantasmas" que trata principalmente sobre o modo de se procurar o ácido chamado pelos Velhos Mestres: Vinagre, álcool ou vinho.

O noviço, estimuladas suas esperanças íntimas porque crê finalmente haver encontrado o caminho para a Grande Obra, descobre-se a si mesmo envolvido em um engano e perdido, conforme ache, ao continuar seu trabalho, que cai cada vez mais profundamente no abismo do amargo desespero e da falta de garantias.

Quanto ao momento de começar a Obra em si, toda a literatura que chegou até nós, a originada pelos Alquimistas genuínos, é semelhante a duas gotas de água.

Baseada em observações cuidadosamente estabelecidas, considerando certas constelações sidéreas surgidas a partir de cálculos bem fundados, há uma coincidência plena, e não preciso fazer aqui mais considerações a esse respeito.

Tomado o assunto, desde o ponto de vista factual e prático, qualquer labor alquímico pode ser iniciado a qualquer hora de qualquer dia. Contudo, o resultado final diferirá conforme as diversas constelações, seja quantitativa ou qualitativamente.

No que concerne aos aspectos técnicos, o estudante moderno tem uma vantagem sobre os Velhos Mestres desde o começo.

Os velhos Alquimistas não tinham nem gás, nem eletricidade, como temos hoje, dependendo exclusivamente do carvão ou da madeira para seus fogos. Estes fogos eram muito difíceis de se manter e controlar. Por causa do seu tipo de calefação, os Alquimistas viram-se forçados a usar diversos tipos de banhos para poder desenvolver seu trabalho. Por exemplo, lembro-me da Balneum Mariae e o banho de areia, requeridos em certa etapa da Obra.

O primeiro tornou-se supérfluo, pois é agora possível regular exatamente a chama do gás.

Estes diversos banhos criaram enorme confusão aos discípulos alquímicos que se viam envolvidos em suas próprias redes, o que diminuía seu entusiasmo e finalmente seus esforços acabavam em desanimado abandono.

Mais ainda, os Velhos Mestres usavam vasilhas feitas de argila "por exemplo, retortas". Quando usadas sozinhas, chamavam-se de Ovos Filosóficos, com uma tampa escurecida na sua parte superior, de modo precário, que deve ter sido para aquele tempo uma grande proeza. Hoje, temos vasilhas feitas de vidro resistente e quase inquebrável.

Outra expressão que os noviços não sabem como interpretar é a de "trabalho de mulheres e brinquedo de crianças". Esta frase que se encontra repetidamente na literatura alquímica, simplesmente se refere à regulação do fogo e dos seus diversos graus de calor, conforme requeira o trabalho.

Há de se pensar nas retortas de argila, cheias de diferentes substâncias de peso específico e pontos de ebulição diversos, que tinham de ser cuidadosamente separadas na mesma retorta durante a Obra, oferecendo diferentes resistências à pressão, o que inclusive hoje, com uma equipe mais sofisticada, requer destreza, inclusive com uma chama de gás regulável. Quanta destreza não devia ser a regulação de um fogo de carvão!

Nosso assombro deve converter-se em admiração da Arte Régia dos Velhos Mestres, alguns dos quais eram chamados Imperator, um título justamente merecido por haver alcançado o domínio da Opus Magnum.

Todo trabalho original de criação constrói-se sobre a atividade formativa de três princípios vitais: masculino, feminino e espiritual. Que a ciência oficial reconheça apenas dois princípios, masculino e feminino, sejam antípodas ou complementares, não interessa ao Alquimista de hoje, porque, ao nos dedicar ao nosso trabalho aparecem de modo absolutamente claro três princípios, sob a forma de diferentes princípios essenciais: nosso Mercúrio, nosso Enxofre e nosso Sal – sem os quais não é possível uma Obra Grande ou Pequena, nem tingidura ou transmutação alguma.

Ao serem considerados dois princípios essenciais, qualquer experimento conduzido alquimicamente estará destinado ao fracasso, sem exceção, como já se demonstrou.

É importante e necessário ao estudante de Alquimia – e ser-lhe-á considerado como lógico – saber que deve levar em consideração os três princípios reinantes no Cosmos, ou sacrificará inutilmente tempo, dinheiro e esforços físicos e mentais.

De acordo com os conceitos dos Velhos Mestres e considerada puramente desde um ponto de vista externo, a natureza estava inteiramente sujeita aos princípios masculino e feminino.

A natureza recebe sua fortaleza eterna do Cosmos, que não pode existir "e isso deveria ser especialmente destacado" sem o Espírito Universal do Criador.

Em seguida, irei me aprofundar na diferença dos distintos centros de força ativos dentro do Macro e do Microcosmos. Isto já fizeram os Velhos Mestres e durante os últimos quinhentos anos, especialmente, um chamado Paracelso.

Considero esta introdução necessária, inclusive a uma escala limitada, a fim de nos acercar do nível de pensamento dos Mestres, que se tece como um fio vermelho ao longo da Obra inteira e que se demonstra pelos resultados finais.

A Opus Magnum foi separada em três partes:

I. Preparação
II. Obra Principal
III. Obra Final

Cada secção é um trabalho mestre e logicamente têm paralelos em diversos reinos da natureza, seja em relação ao calor, à umidade ou à secura, que dão lugar ao crescimento germinativo nas diversas etapas da Obra, como já foi mencionado por Hermes Trimegisto.

I

Preparação

"A obra preparatória"

De acordo com os Velhos Mestres, a Terra surgiu do Caos ou Matéria-Prima.

Nossa primeira tarefa é, pois, voltar a levar ao Caos "se usamos a linguagem alquímica" qualquer substância material com que trabalhemos, quer dizer, dissolvê-la e transformá-la em seu estado primitivo ou caótico.

O conceito de dissolução fica, assim, suficientemente bem estabelecido. Não tem a ver com aniquilação, mas com certo grau de dissolução ou redisposição, em que uma ativação energética que infunde vida à Obra inteira e lhe dá forma; mas isto só sucede depois que o chamado "corpo" foi reduzido.

O objetivo ou o conteúdo da Obra inteira pode ser expresso em uma só frase ou diretriz dos Filósofos Naturais, a partir da qual se desenvolveu seu governo soberano sobre a matéria: *"solve et coagula"*, "separa e une".

Chamarei uma vez mais atenção sobre a grande importância de que para a Opus Magnum se considere o conhecimento dos princípios masculino e feminino.

Considerável parcela desse conhecimento nos é transmitido por meio da Astrologia, um conhecimento que Paracelso recalca especialmente em seus escritos.

Um pequeno exemplo bastará: de acordo com antiquíssimas leis, o cobre, o enxofre e o número 6 caem sob o domínio de Vênus; como o ferro, o cloreto de sódio, "sal comum" e o número 9 estão relacionados com Marte e que o chumbo, o salitre e o número 8 caem sob Saturno etc.

É assunto de o discípulo da Arte alquímica recolher, através de tais fatos conhecidos e estabelecidos, as proporções necessárias para reconstruir os objetos em questão. Por acréscimo, o grau de calor é de suma importância em qualquer das três partes da Obra. Mas o excesso de calor conduzirá ao fracasso, posto que os sutis e penetrantes húmus, aos que os Velhos Mestres denominavam expressivamente Espírito, escaparão, tornando-se assim, inúteis, porque a força ativa terá escapado.

As etapas individuais neste processo da Obra Preparatória podem ser vistas por uma contínua mudança de cor.

No meu trabalho, o objeto que usei era originalmente de cor cinza escura, ligeiramente reluzente; mas logo tornou-se negra como piche, posteriormente, de um negro azulado, mais tarde, cinza claro. Então, a cor mudou para marrom-escuro, marrom-claro e logo a um cinza muito claro, quase branco. Este foi seguido por um matiz branco azulado que mudou para um cinza gelo transparente e posteriormente a um branco-imaculado.

Em seguida, o objeto escureceu, para ser continuado de sua penetração de um delicioso verde brilhante, como um sopro, submetendo-se por inteiro, cada vez mais a esta cor até que se tornou de uma cor verde-oliva; mais tarde ainda mudou para um verde amarelecido.

Durante esse tempo, apareceu um círculo escuro fechado, a certa distância da massa do fundo, na parte de cima do continente, de cerca de dois centímetros de largura – um estranho fenômeno como veremos mais tarde. Este círculo foi-se aproximando de modo lento, movendo-se com persistência e tornou-se cada vez mais escuro e denso. Moveu-se com notável uniformidade e manteve o mesmo tamanho, mudando lentamente para uma cor negra azulada. Começou a penetrar demoradamente a borda da massa resistente no fundo, mas sem profundidade, desde as paredes do continente de que constituía sua largura.

Ao mesmo tempo, a massa cresceu de três quartos de centímetro para vinte centímetros. A banda escura deteve-se a aproximadamente quinze ou dezesseis centímetros do fundo, cerca de dois centímetros dentro da massa, enquanto que a profundidade do anel ou círculo era de um a dois centímetros.

Pouco depois, o anel escuro passou a um azul mais claro, para se tornar de novo em azul mais profundo vários dias mais tarde, emitindo uma bela radiação.

Começaram a aparecer linhas vermelhos-sangue, elevando-se lentamente desde o fundo, até que um dia pôde ver-se uma seiva de cor vermelho-rubi ou vermelho-sangue – o menstruo, também chamado *Aqua Fontana*, que brotou todo de repente da mina filosófica.

A esta etapa da Obra, os Velhos Mestres chamaram muito adequadamente de Cauda do Pavão Real "Cauda Pavonis". Não é possível achar um nome mais adequado. Esta seiva vermelha chama-se também Manto do Leão Vermelho, já que o Leão Vermelho é oculto por ele, uma vez que no curso dos graus posteriores do trabalho devora diversas substâncias, inclusive diferentes elementos.

No interior deste Manto do Leão Vermelho tem sua existência o nosso Mercúrio e muito propriamente se lhe denomina Portador da Luz. Menstruo, como outros termos alquímicos similares, tem um duplo significado.

Em determinado momento, por exemplo, graças à manipulação do Mestre, torna-se um excremento perfeitamente natural do Caos Original, chamado Matéria-Prima, cal dos metais, terra graxa ou matriz. De outro lado, torna-se um dissolvente, ainda que não perfeito.

Conforme segue a Obra, se verá em que consiste este menstruo. Este suco vermelho, a Água Fontana de Paracelso, deve ser decantada cuidadosamente, tendo o cuidado de que nada saia do resíduo do fundo, com ele.

O resíduo segue embebendo-se com o vinho, vinagre ou azeite, também chamado *Acqua Fortis* ou *Acqua Pluvialis*, que posteriormente também aparece na Obra Principal, ainda que em forma essencialmente diferente, até que o resíduo se dissolva completamente. Desse modo, a Obra Preparatória está terminada. Há de se ter cuidado para não tocar nesta terra graxa, pois é altamente corrosiva e sua consistência graxa não deveria nos enganar.

A arte da primeira parte desta Obra consiste na destruição total da substância usada, qualquer que seja sua origem natural, de modo que não se mude nada e fique apenas o menstruo. É realmente possível, por meio de certas manipulações com certos líquidos aos que se chamou de álcool, vinho, vinagre e em ocasiões obter um suco vermelho a partir de qualquer substância metálica; suco cuja coloração neste momento oscila entre o vermelho-framboesa delicado e brilhante e o vermelho- rubi.

O peculiar acerca desse suco vermelho, em relação à sua própria cor, é um lustro verde que aparece nas paredes do vidro quando o recipiente é agitado ainda que ligeiramente. Este lustro verde é o símbolo de uma força de crescimento, de decisiva importância para que continue a Obra. Se este suco, à parte do seu lustro vermelho, mostrasse uma coloração parda, por ligeira que fosse, indicaria que o produto seria completamente inútil para qualquer trabalho posterior. Quem quer que tenha o privilégio de acabar esta Obra mestra do trabalho preparatório, pode agora com confiança passar à Obra Principal.

Graças ao método precedente da Obra Preparatória, pode ver-se, especialmente com vistas ao resultado final, o que os Velhos Mestres entendiam por *destruição*. Como já se disse, indica a transformação ou putrefação de um corpo, paralelismo usado deliberadamente pelos Velhos Mestres, pois um corpo em decomposição goteja seu próprio suco ou "esculpe" – uma velha expressão alquímica.

Os Velhos Mestres usaram a expressão *transmutar um corpo em caos* e quando se sabe o real significado da expressão, a descrição da Obra Preparatória começa a tomar sentido. Não obstante, a ideia de "caos" não deve ser confundida com uma classificação advinda do reino do caótico.

Os Velhos Mestres classificaram a natureza em vários reinos:

1. Vegetal
2. Mineral
3. Metal
4. Animal
5. Caótico
6. Astral

O que se pretende dar a entender com tais classificações encontra-se claramente na velha literatura dos mestres.

Os Velhos Alquimistas aferravam-se ao conceito de um só elemento ou substância essencial como unidade biológica e dinâmica, cujas formas visíveis e fundamentais se manifestariam como os quatro elementos. Não deveriam confundir-se estes com os elementos postulados pelos cientistas.

O elemento principal era de preferência chamado Fósforo, que na essência significa *portador da luz*. Isto deu lugar a muitas concepções errôneas de expressões herméticas específicas, o que conduziu a conclusões equivocadas e juízos falsos. Tal é, porém, o caso hoje. Não há necessidade de dar exemplos; satisfaçamo-nos com os fatos.

Com a expressão Fósforo se queria significar o fogo interno ou a luz interna que brilha, mas não se consome. Na verdade, depois de ter sido fixado, não pode ser fundido nem consumido por fogo algum. Daí para diante, corretamente, denominado de acordo com seu verdadeiro núcleo. Todavia, o modo de obter este fogo interno e mantê-lo foi uma informação sabiamente ocultada.

Na Tabula Smaragdina, a continuação incluída do alquimista clássico Hermes Trismegisto, este fenomenal conhecimento sobre as três partes da Obra foi expresso profunda e eficientemente.

É verdadeiro, certo e sem mentira, que o que segue abaixo é como o que está acima e o que está acima é como o que está abaixo. Assim como todas as coisas derivam-se de Uma Só Coisa, pela vontade e palavra do Único, que as criou em Sua Mente, assim as coisas devem sua existência a esta Unidade pela ordem da Natureza e podem ser melhoradas por Adaptação a essa Mente.

> *"Seu Pai é o sol; sua Mãe é a Lua; o Vento leva-o em seu seio e sua nutriz é a Terra. Esta Coisa é o Pai de todas as coisas perfeitas do mundo. Seu poder é sumamente perfeito quando se converteu em Terra.*
>
> *Separem a Terra do Fogo, o sutil do grosseiro, mas cuidadosamente e com grande juízo e destreza.*
>
> *Ascende da terra ao céu e desce de novo, renascido, à terra, tomando deste modo para si os poderes tanto do Alto como de Baixo. Assim, o esplendor do mundo inteiro será seu e toda escuridão fugirá de você.*
>
> *Este é o mais forte de todos os poderes, a Força de todas as forças, pois supera todas as coisas sutis e pode penetrar tudo o que é sólido. Pois assim foi criado o mundo e assim se forjam raras combinações e muitos tipos de maravilhas."*
>
> *Por isso, sou chamado de Hermes Trimegisto (três vezes grande), tendo obtido a maestria das três partes da sabedoria do mundo inteiro. Isso que tenho a dizer da obra mestra da arte alquímica, "Obre Solar."*

Aristóteles era da opinião de que havia quatro elementos na Natureza: Terra. Água, Fogo e Ar, os quais penetram todos os reinos, conforme um padrão em contínua mudança, quando as formas vitais antigas se ocupam de sua função primária. Em conexão com isso, me referirei de novo a Hermes Trimegisto, quando disse no texto acima, tão recitado: *"O vento levou-o em seu ventre."*

Pensar-se-á no conteúdo hídrico do ar, que, de acordo com as circunstâncias prevalecentes, pode tornar-se neblina, chuva, neve ou granizo em sua região livre e em seu eterno ciclo retornar água.

Em tais condições e em ocasiões similares que têm lugar na natureza, o Alquimista deve deixar de lado todos os conceitos sustentados por aqueles que consideram os elementos químicos tais quais os usam os cientistas e que são contrários a suas concepções alquímicas.

Na água da chuva, na neve, no orvalho congelado ou quanto a isso em qualquer umidade do ar, encontramos este agente sob a forma de três princípios essenciais, sem que a humanidade o suspeite ou o reconheça, – aguardando talvez a uma ressureição ou renascimento daquela para revelar-lhe suas forças mágicas. Quem pode decidir quando chegará o momento em que a humanidade esteja preparada? Era simplesmente impossível para os Velhos Mestres, que se chamavam Filósofos da Natureza, conceber uma manifestação material sem uma força anímica.

Ao contrário, em sua opinião conheciam o poder concentrado dentro da matéria, o qual a ciência hoje, mil anos depois, chegou tardiamente a reconhecer.

As convicções dos Alquimistas movem a todos aqueles que tiveram dita experiência interior a proclamá-la. Este poder ativo induz a um alto conteúdo vitamínico a partir de alimentos em decomposição, suas virtudes curativas assim como venenosas, a partir das plantas; também produz, de flores e raízes, maravilhas de doce olor, conforme revela em formas visíveis sua força em vários graus, como um substrato interminável do que é essencial, pois tal é a arte genuína dos Alquimistas.

Em primeiro lugar, é importante que se prepare o meio adequado, tal como se explicou antes, na Obra Preparatória, um meio capaz de ligar consigo a força ativa, como um ímã que atrai o ferro.

De acordo com um velho ensinamento, o semelhante será atraído pelo que lhe é próprio, ou, como se diz, o sutil para o sutil, mas as forças iguais se repelirão entre si.

Conforme segue a obra, se observará uma coisa peculiar – o "menstruo", ou Sangue do Leão Vermelho que, para usar uma palavra bem conhecida do nosso Velho Mestre, Goethe, tem em um sentido diferente o direito a ser chamado de "suco especial".

II

A Obra Principal

Fala em favor da Arte da Alquimia, do que os Velhos Mestres estiveram em condições de desenvolver em sua Grande Obra com a equipe mais simples e eficiente de que se dispunha na época.

Na Obra Principal, os Velhos Mestres usavam uma retorta, também chamada Ovo Filosófico. A equipe chamada *"Renomier"* era insensata e inútil.

A retorta era preenchida nas suas três quartas partes. Devia-se vigiar cuidadosamente o grau de fogo ou de calor. A razão para isto já foi mencionada anteriormente. Durante a destilação por graus, como era denominada, os Velhos Mestres usaram o *atanor*, três líquidos apareceram em sucessão. A parte destes, ficará na retorta um pó vítreo amarelado, mas, às vezes, de matiz verde ou azul-claro. É de notar que aparecerão três líquidos inteiramente diferentes. Um é amarelo, dois são claros como a água e o último deles mostra uma consistência oleosa, isto é, flui como um azeite, ainda que no trabalho preliminar foram usados somente dois líquidos como fundamento do processo inteiro.

Dos três líquidos destilados, o segundo é chamado *fleugma*, que não é de utilidade alguma e se joga fora. Novamente teremos os princípios masculino e feminino. A estes dois agentes se lhes deram diversos nomes, tais quais: vinagres amarelo e branco, vinho, álcool, umidade radical, força de crescimento, arsênico, enxofre, sal etc. Ao pó que fica, se lhes chama terra morta, o ímã, a múmia ou o cadáver que se há de fazer reviver de novo. Posteriormente, há de ser enterrado no sentido alquímico ou, como dizem outros, enterrado em esterco de cavalo. Esta última expressão também é usada em terminologia semelhante durante a Obra preliminar.

Pode se advertir de um desdobramento de aparentes contradições em fórmulas e expressões. A tarefa real da Obra Principal é, em primeiro lugar, o exato preenchimento "der scheidekunst" ou arte de separação e, posteriormente, o fazer reviver a terra morta durante seu enterro peculiar, quando sua própria semente é implantada nela, que ao crescer mostra peculiares brotos e flores sobre um talo. A separação e a purificação, a mortificação e putrefação, no tempo do revivificar da terra são comparáveis a um ciclo anual da Natureza e também são conhecidos por "*giro da roda da Natureza.*"

A nomenclatura da Arte Hermética pode resultar em difícil tarefa a resolver para os recém-chegados à Alquimia, posto que hermético significa selado de modo que não entre ar. É fato que certa parte da Obra há de ser concluída num recipiente protegido contra o ar, se é que se há de chegar ao êxito. Mas, além disso, os Mestres Alquimistas conheciam certa união hermética, por meio da qual vários ingredientes diferentes uniam-se ou casavam-se em "uma" unidade como sucede nesta obra. Contudo, nem a mais exata análise química revelará as três ou, para ser mais exato, as quatro diferentes substâncias anteriormente mencionadas.

Na sua própria tumba, formada por sua própria substância natural, a terra morta recebe a *Acqua Pluvialis*, a água da chuva, também conhecida por água do céu, e sob sua influência começa não apenas a reviver lentamente, mas a se decompor em certo modo. Começa a inchar e a espessar, corre quando a absorveu plenamente e se torna pegajosa.

Durante a destilação obtém-se uma água absolutamente clara – A *Aqua Pluvialis* mesma – que é absolutamente insípida e inodora e pode ser ingerida sem escrúpulos. Se durante esse processo surgissem húmus não advertidos anteriormente, isso significaria que a Obra entraria em nova fase. Torna-se agora necessário verter o vinagre amarelo ou branco sobre a massa solidificada, mas, com o maior cuidado e destreza, sem o qual poderia resultar em severos danos físicos, posto que esta manipulação não carece de perigos.

Quando esses dois vinhos se unem, tornam-se um dissolvente radical que, com um ruído sibilante, dissolve a terra inteira num tempo surpreendentemente pequeno, para formar uma seiva vermelho-sangue.

O menstruo apareceu de novo, mas desta vez em uma forma mais pura do que antes, e conforme a Obra prossegue, torna-se cada vez mais puro e mais forte.

A chamada *fleugma*, que sempre se atira por causa da sua inutilidade, chegará a somar uma quantidade considerável, usualmente de um quarto a um terço da quantidade total. Sua origem é outro enigma filosófico, pois ao contrário da *fleugma*, o menstruo retém sua quantidade desde o começo até o final da Obra Principal!

Da quinta à sétima revolução da roda da Natureza, aparece um fenômeno extraordinário. Durante o processo da destilação, quando os fluidos se tornam parcialmente em húmus invisíveis e só se condensam no colo da retorta, de repente, desde o fundo, se elevará um fluído leitoso que começará a se mover livremente na parte de cima da retorta feito nuvens durante uma tormenta, para finalmente fluir através do colo para o receptor. Desde o momento em que o líquido começa a se elevar e se reúne na parte de cima, há o tempo justo para, com o maior cuidado, modificar o receptor por outro novo, posto a um lado, com vistas a conter a nova separação.

Este peculiar licor é o Leite da Virgem, o Menstruo universal, o dissolvente radical, o Dragão Voador, conhecido também por Fênix ou Lua. Neste dissolvente radical toda matéria de origem terrestre pode ser completamente diluída, retendo ao mesmo tempo todos os princípios essenciais e virtudes características, o que nenhum outro dissolvente no mundo inteiro pode chegar ao fim.

Uma observação cuidadosa revelará que este Leite é um líquido leve como a água, em que nadam numerosas diminutas escamas de brilho branco argentino. Este Leite pode ser conservado por tempo indeterminado, posto que as asas de mercúrio foram cortadas, como costumavam dizer os Velhos Mestres.

Tão logo como as diminutas escamas, chamadas *Echeneis* ou peixinhos, forem separadas, a possibilidade de conservá-las indefinidamente se perde.

Assim, outro assombroso e inusitado efeito revela-se a nós: estas diminutas escamas, ao serem armazenadas em um recipiente hermeticamente fechado, desaparecem sem deixar resíduo ou condensação alguma. São de forte sabor doce-salgado e ao prová-las, sente-se agradável calor na boca, sem ser corrosivo.

Durante a continuação da Obra Principal uma surpresa segue a outra. Por exemplo, em uma etapa decisiva da Obra, durante a destilação, o vinagre amarelo muda sua consistência original. Converte-se em água clara que deixa um resíduo peculiar na retorta. Este resíduo separa-se em dois pós de igual tamanho, os quais se apresentam a seu próprio modo. Descansam no fundo da vasilha sobre um amparo, como se diz, separados um do outro, por uma pequena margem, em forma perfeitamente elítica, com suas pontas na direção norte-sul.

Um dos pós é branco, enquanto que o outro é amarelo – o sal e o enxofre herméticos – que se mostram em estado extremamente fino ou sutil, como Sal volátil – *Sal volatile*, quer dizer, quinta essência – depois de nos haver familiarizado com o volátil Mercúrio.

Na Obra Final estes vão se fixar, o que quer dizer, evitar sua evaporação, posto que eles, como Marte e Vênus e igual a seu irmão em espírito, Mercúrio, voavam e fugiam ao serem fechados hermeticamente em seu recipiente.

Assim, a Obra Principal está concluída. A terra restante já não nos é de utilidade alguma, posto que o mercúrio volátil duplo foi lixiviado dela.

III

A Obra Final

Pode ver-se, facilmente, a partir do precedente, que a Opus Magnum requeria enorme dose de observação e concentração, assim como um profundo sentimento para com o obrar secreto da Natureza e do Cosmos inteiro.

Deveria ser levado em conta que em um processo assim, centenas de milhares ou milhões de anos de fenômenos naturais contínuos foram condensados pela Arte do Mestre em uma média de cerca de nove meses, o que curiosamente recorda o tempo do embrião humano.

O labor mais difícil, tecnicamente falando, é a Parte Principal, com sua regulação adequada da chama de gás, recordando ao mesmo tempo as enormes dificuldades encontradas pelos Velhos Mestres, que utilizavam fogos de carvão ou de madeira.

Tão difícil e perigoso era o trabalho, que comumente se estabelece comparações com certos rituais de iniciação, do mesmo modo que se praticavam em alguns dos templos do antigo Egito.

É fácil compreender a decisão de um Mestre de que sob nenhuma circunstância repetiria sua obra, por causa dos grandes perigos que implicava.

A Obra Preparatória é similar à Obra Principal dos Velhos Mestres. Uma etapa particular é solve e a outra, na Obra Final que agora segue, é coagula.

Algumas passagens mencionadas, fundem-se umas com outras durante as Obras Preliminar e Principal, de modo que resulta impossível uma delimitação exata dos diversos conceitos da Obra. Somente depois que a Obra tenha começado e que a sequência apropriada tenha sido afortunadamente concluída, as coisas se tornarão mais claras para o operário do laboratório alquímico. Por meio de uma contemplação apropriada, pode alguém compreender a correta, que há entre os procedimentos descritos na Opus Magnum e os procedimentos individuais explicados pelos Velhos Mestres com expressões simbólicas e as imagens a elas associadas.

O propósito principal da Obra Final é a coagulação e a fixação, ou ligadura do mercúrio duplo volátil. Esta fixação é o que entendiam os Velhos Mestres quando falavam de cimentação, termo que colocava o operário de laboratório ante uma abundância de enigmas e dificuldades. Neste caso, refere-se ao núcleo mais interno do Segredo e a Arte dos Alquimistas; uma conjunção estritamente cerrada e indissolúvel da matéria que dá à tintura e quinta essência seu próprio ser característico. Este final coroa a Opus Magnum e assim, depois de muitos esforços e sua correspondente paciência e perseverança, alcança-se a meta final.

O jogo de cores durante a Obra Final é variável dependendo da tintura.

Primeiro as substâncias em questão serão unidas em seu peso natural. Após curto período, a massa se tornará completamente negra e mostrará numerosas bolhas. O mesmo sucederá durante a Obra preparatória. Esta massa negra terá um ligeiro brilho e se assombrará algo da sua profunda cor vermelho-escura, como um refulgir sanguíneo.

É difícil imaginar a mudança de cor que ocorre e que difere apenas da que se dá na Obra Preliminar, por sua pureza e beleza, maravilhosas e reluzentes, que estaríamos tentados a descrever como uma sinfonia de cores.

Este refulgir da cor eleva-se a tal estado na lápide ou pedra completada, "não importa se se trata do arcano pequeno ou do grande", que literalmente envia faíscas, signo inconfundível de que se trata da tintura genuína e verdadeira.

A pedra pode, de acordo com a quantidade de tintura preparada durante sua primeira multiplicação, ser elevada a uma força cem vezes maior e posteriormente a dez e vinte mil vezes sua força anterior. Por meio de um trabalho posterior, a tintura pode ser elevada a um aumento, todavia, maior do que seu poder de multiplicação.

O limite do poder de multiplicação depende de sua concentração dos elementos usados e do seu peso específico. Ao se alcançar esse limite, a tintura penetrará o vidro e o fará tão duro e denso como o melhor aço. É por isso que se menciona o fato histórico de um vidro maleável que podia ser forjado, o que desafiou todos os esforços da ciência moderna para descobri-lo.

A concentração mais elevada que se conhece foi alcançada por Pryce, na Inglaterra, com uma potência de 1,140.000. Com um só grama desta tintura foi obtida uma transmutação atômica de 40Kg. Desgraçadamente, este grande Mestre, ao lhe ser negado o direito de ser membro de uma sociedade científica, acabou com sua vida, cometendo suicídio.

Ao usar vidros duros ou de quartzo podem ser obtidas potências mais elevadas do que as alcançadas por Pryce, contudo o manejo de concentrações tão elevadas pode trazer como resultado algumas consequências desagradáveis.

Posto que esta tintura não está delimitada aos metais, mas que pode igualmente ser bem usada sobre minerais, plantas e animais, poderá quando chegue seu momento abrir vias de aplicação prática, ilimitadas, ao se considerar que dentro do peso de gramas desta tintura armazenam-se quilos de matéria.

D.L. Volpierre. "Aqa"